서해 바다를 지킨 영웅, 한상국
The Hero of the West Sea, **Han Sang-guk**

서해 바다를 지킨 영웅, 한상국

The Hero of the West Sea, Han Sang-guk

제작·한상국 상사를 기리는 친구들 / 감수·전인범
Producing · Friends Honoring Senior Chief Petty Officer Han Sang-guk / Reviewer · Chun, In-bum

YANG MOON

* 이 책의 발간을 지원해주신 텀블벅 후원자들께 감사의 인사를 드립니다.
We would like to extend our heartful thanks to the supporters who backed this book's publicatiion on Tumblbug.

이 QR코드에 접속하면 한상국 상사의 고향 무창포의 모습을 동영상으로 볼 수 있습니다.
If you scan this QR code, you can see the hometown of Senior Chief Petty Officer Han Sang-guk, Muchangpo.

고 한상국 상사를 비롯하여 제2연평해전에서 전사한
고 윤영하 소령, 고 조천형 상사, 고 황도현 중사, 고 서후원 중사, 고 박동혁 병장
영전에 이 책을 바칩니다.

This book is dedicated to the memory of the Fallen heroes,
the late SCPO Han Sang-guk, the late LCDR Yoon Young-ha, the late SCPO Cho Chun-hyung,
the late CPO Hwang Do-hyun, the late CPO Seo Hoo-won, and the late PO2 Park Dong-hyuk,
who perished in the Second Battle of Yeonpyeong.

차례

이야기를 시작하며 • 10

1. 바다를 좋아하는 아이 • 14

2. 해군 부사관으로 357호정에서 일하다 • 26

3. 월드컵 축제 가운데 일어난 제2연평해전 • 40

4. 끝까지 배를 지킨 한상국 아저씨 • 54

5. 우리의 명예로운 영웅, 한상국 상사님 • 70

Contents

Beginning the Story • **10**

1. A boy Who Loveds the Sea • **14**

2. Becoming a Navy NCO and Working
   on the Ship named Chamsuri 357 • **26**

3. The Second Battle of Yeonpyeong Amid
   the World Cup Game • **40**

4. Senior Chief Petty Officer Han Sang-guk,
   who defended the ship until the end • **54**

5. Our Honorable Hero,
   Senior Chief Petty Officer Han Sang-guk • **70**

이야기를 시작하며

어린이 여러분 안녕?

나는 여러분에게 재미있는 역사 이야기를 전해주는 펭귄쌤이야. 오늘은 서해 바다를 지킨 영웅, 한상국 아저씨 이야기를 들려줄게. 먼저 우리 바다와 해군에 대해 함께 알아볼까?

우리나라가 반도 국가라는 말은 들어봤지? 반도 국가란 국토의 한쪽 면은 육지와 연결되어 있지만 나머지 세 면은 바다로 둘러싸인 나라를 말한단다. 동해, 서해, 남해라는 세 바다에 둘러싸인 우리나라에서 바다를 지키는 해군의 역할은 무척 중요하지. 북한 땅과 가까이 있는 서해에서는 북한의 침범 때문에 위험한 일이 많이 일어나고 있어서 해군의 할 일도 더욱 많단다.

Beginning the Story

Hi kids!

I'm Penguin your teacher, and I'm here to tell you a very meaningful story. Today's story is about a hero named Han Sang-guk who was a Korean Navy Petty officer, who protected the West Sea of the Korean Peninsula. But first, let's learn a bit about the sea and the navy together, okay?

Have you heard of a peninsula? It's a land with three sides surrounded by the sea. Our country, surrounded by the sea, is called the Korean Peninsula and has the East/West Sea, and the South Sea. Our country has a navy that protects the sea. In the West Sea, which is close to North Korea, the navy's job is even more important because it's sometimes dangerous due to North Korea's very aggressive behavior.

한상국 아저씨는 그런 서해 바다를 지키는 해군이었어. 그런데 2002년 6월 29일 아저씨가 타고 있던 해군 함정 참수리 357호정을 북한군이 갑자기 공격했지. 그래서 바다에서는 치열한 전투가 벌어졌어. 한상국 아저씨와 동료 군인들은 목숨을 아끼지 않고 싸워서 결국 북한군을 몰아내고 우리 바다를 지켜냈단다. 특히 한상국 아저씨는 목숨이 끊어진 후까지도 배의 방향을 조정하는 조타 키를 놓지 않은 책임감 강한 군인이었지.

자, 이제 질문과 답변을 통해 영웅 한상국 아저씨에 대해 좀더 자세히 알아볼까?

Han Sang-guk was one of those navy heroes who protected the West Sea. In June 29, 2002, North Korean soldiers suddenly attacked the navy ship named Chamsuri 357. There was a fierce battle at sea, but Han Sang-guk and his brothers - in arms fought bravely and drove away the North Korean soldiers, keeping our sea safe. Han Sang-guk was especially brave because even after he was injured, he kept steering the ship even when he lost his life.

Now, let's learn more about the hero Han Sang-guk through some questions and answers!

The rank of Han Sang Guk mentioned in the story is the posthumously awarded rank.

1. 바다를 좋아하는 아이
A boy Who Loveds the Sea

"선생님, 한상국 아저씨는 어린 시절을 어떻게 보냈나요?"

한상국 아저씨는 어린 시절 서해의 무창포라는 바닷가에서 부모님과 함께 살았어. 아저씨의 아버지는 물고기를 잡는 어부였지.

♣ ♣ ♣

"Teacher, how did Han Sang-guk spend his childhood?"

Han lived with his parents near the sea at a place called Muchangpo during his childhood. His father was a fisherman.

무창포 앞바다에는 신기한 곳이 있어. 아저씨 집 바로 앞바다에 석대도라는 작은 섬이 있는데 그 섬까지의 바다에는 가끔 물이 빠지고 사람이 걸어다닐 수 있는 길이 생기곤 한단다. 그래서 사람들은 그 길을 '신비의 바닷길'이라고 부르지.

♣ ♣ ♣

There's a special place near Muchangpo called Seokdaedo, a small island. Sometimes, when the tide went out, a path appeared in the sea that people could walk on to the island. People called it the 'Mysterious Sea Path.'

어린 시절 한상국 아저씨는 학교에 다녀오면 곧바로 바다로 나가 놀곤 했어. 바닷길이 열리면 걸어서 섬으로 갈 수도 있고 평소보다 더 넓은 개펄이 펼쳐지는데 그곳은 온통 아저씨와 친구들의 놀이터였지. 그런데 함께 어울려 놀던 친구들이 배가 고프다면서 뿔뿔이 흩어져 집으로 돌아간 후에도 아저씨는 바다에 남아 혼자서 놀곤 했어. 그만큼 바다를 좋아했던 거야.

♣ ♣ ♣

When Han came back from school, he often played by the sea. When the sea path appeared, he and his friends would walk to the island. They had a lot of fun playing there. Even when his friends went home to have dinner, Han stayed and played alone. That's how much he loved the sea.

"한상국 아저씨는 바닷가에서 놀면서 무슨 생각을 했을까요?"

글쎄, 무슨 생각을 했을까? 아저씨는 어린 시절부터 드넓은 바다를 보며 어른이 되면 바다를 지키는 사람이 되겠다고 마음먹은 것 같아.

♣ ♣ ♣

"What do you think Han Sang-guk thought about when he played by the sea?"

Hmm, what did he think about? Maybe he looked at the vast sea and decided he wanted to grow up to protect it.

"바다를 지키는 사람이요? 그 넓은 바다를 어떻게 지켜요?"

우리 바다를 지키는 방법은 여러 가지야. 우선 군인이 되어 우리 바다에 쳐들어오는 외국 군대를 막는 방법이 있지. 또 허락도 안 받고 우리 바다에 들어와 멋대로 물고기를 잡아가는 외국 어선을 쫓아내는 바다 경찰이 될 수도 있고. 바다를 깨끗하게 만들기 위해 청소하는 사람이 될 수도 있어. 그런데 한상국 아저씨는 어른이 되면 군인이 되어서 바다를 지킬 결심을 했지. 나쁜 사람들이 우리 바다에 쳐들어오는 것을 막아내는 게 제일 중요하니까.

"Protecting the sea? How do you protect such a huge sea?"

There are some ways to protect the sea. One way is to become a sailor and stop the illegal invaders from coming into our sea. Another way is to join the coast guard and chase away illegal foreign ships that come to catch fish without permission. You can also help clean up the sea. But Han decided to become a sailor when he grew up because he thought it was most important to stop bad people from coming into our sea.

"선생님, 바다를 지키는 군인이 되려면 어떻게 해야 하나요?

바다를 지키는 군인을 해군이라고 해. 해군이 되려면 공부도 열심히 하고 몸도 건강해야 하지. 그리고 무엇보다 우리나라와 바다를 사랑하는 마음이 강해야 해. 그래야 어려운 일을 겪어도 지치지 않고 바다를 지킬 수 있으니까.

"Teacher, please tell us how to become a sailor who protects the sea?"

Soldiers who protect the sea are called sailors. To become one, you need to study hard, be healthy, and most importantly, love our country and the sea very much. That way, even when things get tough, you won't give up on protecting the sea.

한상국 아저씨가 바다를 얼마나 사랑했는지 예를 하나 들어볼까? 아저씨가 다니던 학교는 바닷가에 있어서 가끔 바다로 나가 쓰레기 줍는 봉사 활동을 했어. 다른 친구들은 그냥 쓰레기 줍는 시늉만 하고 바닷가에서 뛰어놀았는데 아저씨는 선생님 말씀대로 열심히 쓰레기를 주웠대. 음료수 캔, 페트병, 스티로폼 그릇, 과자가 담겼던 비닐 봉지……. 주로 바닷가에 놀러온 사람들이 버리고 간 쓰레기들이었지.

Han loved the sea so much that even when he was in school, he volunteered to pick up trash on the beach. While his friends played with friends, he worked hard to clean up. He mostly picked up cans, plastic bottles, styrofoam bowls, and snack wrappers that people left on the beach.

한상국 아저씨는 학교 봉사 활동이 아니라도 혼자서 바다 쓰레기를 줍곤 했어. 매일 조금씩이라도 치우다 보면 언젠가는 바다가 깨끗해질 것이라고 생각한 거지. 아저씨는 군인이 되기 전까지 그렇게라도 바다를 지키고 싶었나봐. 자기 자신과의 약속이었던 거야. 아저씨는 어린 시절부터 한번 약속하면 꼭 지키는 사람이었어. 아주 책임감이 강한 분이었지.

Even when he wasn't doing volunteer work, Han picked up trash by himself. He thought that if he cleaned a little bit every day, the sea would eventually become clean. He wanted to protect the sea even before he became a soldier. It was a promise to himself. Han was the kind of person who always kept his promises and was very responsible.

2. 해군 부사관으로 357호정에서 일하다
Becoming a Navy NCO and Working on the Ship named Chamsuri 357

"한상국 아저씨는 공부도 열심히 하셨나요?"

물론이야. 한상국 아저씨는 해군이 되기 위해 열심히 공부했어. 아저씨는 충청남도 홍성에 있는 광천제일고등학교에 다녔지. 지금은 충남드론항공고등학교라고 이름이 바뀐 이 학교에 가면 교문에 들어서자마자 아저씨 동상이 서 있어. 한상국 아저씨는 바다를 지킨 영웅이며 그 학교의 자랑스러운 졸업생이니까.

♣ ♣ ♣

"Teacher, did Han Sang-guk study hard?"

Of course! Han studied very hard to join the navy. He went to Gwang-cheon Jeil High School in Hong-seong, Chung-cheong-nam-do. If you go to Gwang Cheon Jeil High school now, you'll see a statue of him because he's a proud graduate of that school and a hero who protected our sea.

고등학교를 졸업할 때가 되었을 때 아저씨와 친구들은 앞으로 무슨 일을 할 것인가에 대해 많은 생각을 했어. 친구 대부분은 대학교에 가기 위해 공부했지. 그런데 한상국 아저씨는 부사관 시험을 준비했어. 가난한 집안 형편을 생각하여 대학교에 가는 것을 포기한 거야. 부모님께서 학비를 마련해주신다고 했지만 아무래도 힘이 드실 것 같아서 그렇게 결정했지. 대한민국 남자라면 어차피 군대에도 가야 하니 일찍 해군 부사관이 되어서 부모님도 도와드리고 군인으로 살면 좋을 것 같다고 생각한 것이야. 해군이 되어 우리 바다를 지키는 것이 한상국 아저씨의 어릴 때부터의 꿈이었거든.

♣ ♣ ♣

When it was time to graduate from high school, Han and his friends thought a lot about what they wanted to do in the future. Most of his friends studied to go to college, but Han prepared for the navy NCO Academy course. He gave up going to college because his family didn't have much money. Even though his parents said they could pay for his education, he didn't want to burden his family. He thought it would be better to help them by becoming a navy NCO early and serving as a sailor. Protecting the sea had been Han's dream since he was a boy.

"선생님, 그런데 부사관이 뭔가요?"

우리나라 군대의 계급은 크게 세 부류로 나눌 수 있어. 사병과 부사관, 장교. 사병은 군대의 기본을 이루는 군인들이야. 사병은 2~3년의 의무 기간을 채우면 제대할 수 있지. 그런데 부사관과 장교는 군인을 아예 직업으로 삼은 사람들이란다. 장교는 부대를 지휘하거나 지휘관을 도와 군인들을 교육하고 훈련하는 계급 높은 군인이야. 부사관은 사병과 장교 사이에서 지휘관을 도우며 사병을 감독하고 돌보는 군인이지. 부사관은 하사라는 계급부터 시작돼. 그리고 중사, 상사, 원사로 계급이 올라가지.

"Teacher, what's a navy NCO?"

In our country's military, there are three main ranks: enlisted soldiers, navy Non-Commissioned Officers also known as NCO, and officers. Enlisted soldiers are the soldiers who serve for 2 to 3 years. Navy NCOs and officers are people who make the military their lifelong career. Officers command units, help commanders, and train soldiers. Navy NCOs, as a backbone of the navy, assist officers and take care of enlisted soldiers. Navy NCOs start from the rank of Petty Officer First Class and go up to Chief Petty Officer, Senior Chief Petty Officer, and Master Chief Petty Officer and so on.

"한상국 아저씨는 부사관이 되기 위해 시험을 치른 건가요?"

그렇단다. 공부도 잘 하고 몸도 튼튼해야 부사관이 될 수 있는데 한상국 아저씨는 시험에 당당하게 합격하여 자랑스러운 대한민국 해군 부사관이 되었어. 드디어 우리 바다를 지키는 군인이 된 것이지.

♣ ♣ ♣

"Did Han Sang-guk take an exam to become a navy NCO?"

Yes, he did. To become a navy NCO, everyone needs to study well and be physically fit. Han confidently passed the exam and became a proud navy NCO of South Korea. He finally became a sailor who protects our sea.

"해군이 되면 어디서 일하나요? 배를 타고 바다로 나가서 일하나요?"

♣ ♣ ♣

"If one becomes a navy soldier, where does he/she work? Does one go out to sea on a ship?"

해군이라고 모두 배를 타고 바다에서 일하는 것은 아니야. 육지에서 일하는 해군도 많아. 그런데 한상국 아저씨는 참수리 357호정이라는 작은 함정을 타고 서해의 연평도 근처 바다를 지키는 일을 하셨어. 참수리 357호정은 북한의 작은 배나 간첩들이 몰래 타고 오는 배가 우리 바다로 넘어오는지 감시하고 그 배들에 맞서는 일을 했지. 또 바다에서 고기 잡는 우리 어부들을 보호하고 환자가 생기면 구조하는 등 여러 가지 역할을 했어.

Not all sailors work on a ships at sea. Many work on land. But Han worked on a small ship called Chamsuri 357, protecting the sea near Yeonpyeong Island in the West Sea. Chamsuri 357 monitored if any small North Korean ships or spies were secretly coming into our sea. They also protected our fishermen and rescued people in the sea when they were sick.

"한상국 아저씨는 참수리 357호정에서 무슨 일을 하셨나요?"

아저씨는 참수리 357호정의 조타장이었어. 조타장은 함정에서 여러 가지 일을 해야 하지만 그중 가장 중요한 일은 배를 조종하는 조타 키를 다루는 것이야. 배가 잘못된 방향으로 나아가면 임무를 제대로 해낼 수 없으니까. 책임감 강한 한상국 아저씨는 조타장 일을 아주 열심히, 잘 해내고 있었단다.

"What did Senior Chief Petty Officer Han Sang-guk do on the ship Chamsuri 357?"

Senior Chief Petty Officer Han was the helmsman of Chamsuri 357. A helmsman does many things on a ship, but the most important job is steering the ship in the right direction. If the ship goes the wrong way, they can't do their job properly. Responsible Han did his job very well.

3. 월드컵 축제 가운데 일어난 제2연평해전
The Second Battle of Yeonpyeong Amid the World Cup Game

"그런데 아저씨에게 무슨 일이 일어났나요?"

2002년 6월 29일이었지. 그때 우리나라와 일본에서는 축구 월드컵 대회가 열리고 있었어. 우리나라 축구 대표 선수들은 세계적으로 축구 잘 하는 나라 팀들과의 경기에서 계속 이기고 있었지. 그래서 신이 난 우리나라 사람들은 온통 축구 대회에만 정신이 팔려 있었어. 경기가 있을 때마다 많은 사람이 거리로 쏟아져나와 함께 응원하고 함께 즐거워하며 축제 분위기에 흠뻑 빠져 있었던 거야.

"But what happened to Senior Chief Petty Officer Han?"

It was June 29, 2002. At that time, South Korea and Japan were hosting the FIFA World Cup tournament. The South Korean national football team was winning games against top football-playing nations worldwide. So, the excited South Korean people were fully immersed in the World Cup. Whenever there was a match, crowds of people poured out onto the streets, cheering together and enjoying the festive mood.

그때 북한군이 우리 바다에 쳐들어왔어. 한상국 아저씨와 357호정 동료들은 그 북한군에 맞서 치열한 전투를 치러야 했지.

♣ ♣ ♣

Meanwhile, North Korean ships intruded into our waters. Senior Chief Petty Officer Han Sang-guk and his Brothers-in-arms aboard the Chamsuri 357 had to engage in fierce combat against these North Korean ships.

"우리 바다에 북한군이 왜 쳐들어와요?"

우리나라와 북한은 오래전 6·25전쟁이라는 큰 전쟁을 치렀어. 그 전쟁으로 휴전선이라는 경계선이 만들어졌지. 그런데 지금 우리나라 땅인 서해의 백령도, 연평도, 소청도, 대청도, 우도 등 다섯 개 섬은 북한의 황해도와 가까운 바다에 있어. 북한은 이 지역에 대한 억지 주장을 자꾸 하는 거야.

"Why did North Korean ships intrude into our waters?"

South Korea and North Korea fought a war called the Korean War. That war led to the creation of a demilitarized zone known as the DMZ. However, islands such as Paeng-nyeong Island, Yeon-pyeong Island, So-cheong Island, Dae-cheong Island, and Udo Island, which are now part of South Korea's territory in the West Sea, are close to North Korea's Hwanghae Province. North Korea continues to make claims against these islands.

한상국 아저씨가 탄 참수리 357호정을 북한군이 공격한 곳도 연평도 근처 바다였어.

♣ ♣ ♣

The area where Han Sang-guk was aboard the Chamsuri 357 was also the place where the North Korean military attacked, near Yeonpyeong Island.

6월 29일 아침, 두 척의 북한 배가 경계선을 넘어 우리 바다로 쳐들어온 거야. 우리 해군 중 참수리 357호정과 358호정은 북한 경비정 쪽으로 가까이 갔어. 경고 방송을 하고 경계선 너머로 몰아내기 위해서였지. 그런데 북한군이 갑자기 먼저 포를 쏘기 시작했어. 바다의 전쟁, 즉 해전이 벌어진 거야. 이 해전을 제2연평해전이라고 하지.

♣ ♣ ♣

On the morning of June 29th, two North Korean ships crossed the border into our waters. Our naval vessels, the Chamsuri 357 and Chamsuri 358, approached the North Korean patrol boats. They gave warnings and attempted to push them back across the border. However, the North Korean forces suddenly started firing first, leading to a sea battle known as the Second Yeon-pyeong Naval Skirmish or the Second battle of Yeon-pyeong.

"바다의 전쟁이라고요? 우리 해군이 공격당한 건가요?"

북한군은 우리 해군의 357호정에 포를 마구 쏘아댔어. 357호정의 우리 해군들도 용감하게 맞서 싸웠지만 계속된 북한군의 공격에 여러 명이 다치고 목숨을 잃게 되었지. 참수리 358호정이 북한 경비정을 향해 사격하려고 했지만 북한 경비정은 357호정 뒤에 숨어서 357호정만을 집요하게 공격했어.

♣ ♣ ♣

"War on the sea? Was our navy attacked?"

The North Korean forces relentlessly fired at our Chamsuri 357. Our brave sailors aboard the 357 fought back courageously, but sustained casualties and loss of life due to the continued attacks. Despite attempts by Chamsuri 358 to engage the North Korean patrol boats, they hid behind the 357 and continued their relentless assault.

엔진도 멈춰버리고 전력을 공급하는 기계가 부서져 357호정은 더 이상 전투를 할 수 없는 상태가 되었지. 그렇지만 우리 해군 장병들은 여러 가지 방법으로 포를 발사하며 끝까지 적을 물리쳤어. 이때 조타실도 습격당했고 조타장 한상국 아저씨는 목숨을 잃고 말았지.

♣ ♣ ♣

With the engine disabled and vital machinery damaged, the 357 was unable to continue the fight. However, our sailors persevered, using everything they had to fire back and ultimately defeated the enemy. During the battle, the bridge was also attacked, and Senior Chief Petty Officer Han Sang-guk lost his life.

"다른 군함들이 357호정을 도와 북한 배를 혼내줬나요?"

거의 한 시간 동안 공격하던 북한 함정은 슬그머니 도망치기 시작했어. 우리 357호정의 끈질긴 저항에 북한 배도 큰 피해를 입었던 거야. 참수리 357호정을 돕기 위해 우리 해군 군함들이 부지런히 이동해 왔지만 북한 함정을 끝까지 따라가 잡을 수는 없었어. 북한 땅으로 너무 가까이 다가가면 바닷가에 있는 대포에 공격당할 수도 있었기 때문이지.

♣ ♣ ♣

"Did other warships help the 357 against the North Korean ships?"

After nearly an hour of attack, the North Korean vessels began to retreat discreetly. Our na'val ships, moving diligently to assist the 357, couldn't pursue the North Korean ships too closely, as they risked coming under attack from coastal guns and missiles.

4. 끝까지 배를 지킨 한상국 아저씨

Senior Chief Petty Officer Han Sang-guk, who defended the ship until the end

"북한군이 도망간 후 357호정과 거기 탔던 군인 아저씨들은 어떻게 되었나요?"

♣ ♣ ♣

"What happened to the sailors aboard the 357 after the North Koreans fled?"

357호정에서 북한군과 맞서 싸웠던 우리 해군 스물아홉 명 중 여섯 명이 전사하고 열여덟 명이 다쳤어. 의무병 박동혁 병장은 크게 다쳐 병원으로 옮겨졌다가 석 달도 채 안 되어 세상을 떠났지.

♣ ♣ ♣

Among the 29 sailors who fought aboard the 357, six lost their lives, and eighteen were injured. Petty Officer 2nd Class Park Dong-hyuk was severely wounded and passed away shortly after being evacuated to hospital.

수많은 포탄 공격에 구멍이 숭숭 뚫린 참수리 357호정은 끝내 가라앉고 말았어. 포탄 자국이 그대로 드러난 참수리 357호정은 지금도 서울 전쟁기념관에 가면 볼 수 있단다. 357호정의 모습을 보면 그날의 처참했던 전투를 상상할 수 있지.

♣ ♣ ♣

With numerous holes from enemy shells, the Chamsuri 357 eventually sank. Its wreckage, bearing the scars of battle, can still be seen at the Seoul War Memorial Museum, serving as a reminder of the harrowing combat that took place that day.

아, 그런데 한상국 아저씨는 한동안 실종 상태였어. 시신을 찾아야 사망을 확인할 수 있는데 한상국 아저씨의 시신을 찾을 수 없었던 거야. 아저씨의 시신이 357호정 안에 있다는 것은 알았지만 찾아내기 쉽지 않았지.

♣ ♣ ♣

But Han Sang-guk was missing for a while. To confirm his death, we needed to find his body, but we couldn't locate it. We knew his body was inside the 357 ship, but it wasn't easy to find.

"왜 시신을 빨리 못 찾았나요?"

참수리 357호정은 바다 깊이 가라앉아서 특수 훈련을 받은 잠수대원들이 들어가 찾아야 하는데 그 바다는 파도가 거센 곳이라 쉽게 접근할 수 없었어. 북한과 가까워 위험하기도 했지.

♣ ♣ ♣

"Why couldn't they find Han's body sooner?"

Recovering the body of Senior Chief Petty Officer Han Sang-guk was challenging because the Chamsuri 357 had sunk deep into the sea, requiring specialized divers to locate it. Moreover, the rough sea conditions made it difficult to approach, especially near North Korean territory.

전투가 있었던 날로부터 41일이 지난 8월 9일 바닷속에 잠겨 있던 참수리 357호정에서 한상국 아저씨의 시신을 찾을 수 있었어.

♣ ♣ ♣

41st days after the battle, on August 9th, we finally retrieved the body of Senior chief Petty Officer Han Sang-guk, who was found dead inside the sunken Patrol Ship No. 357.

"아, 아저씨를 찾았으니 다행이에요."

그래, 참 다행이지? 한상국 아저씨가 실종 상태로 있는 동안 아저씨의 부모와 부인 등 가족은 가슴 속이 시꺼멓게 타들어가는 것 같았겠지. 갑자기 적과 싸우다가 전사한 것도 안타까운데 시신마저 찾을 수 없다니 말이야.

♣ ♣ ♣

"Thankfully, they found Senior Chief Petty Officer Han's body.

Yes, indeed. While Senior Chief Petty Officer Han was missing, his parents, wife, and other family members must have endured agonizing uncertainty. It's heartbreaking to lose a loved one suddenly in combat, let alone not being able to locate their body.

그런데 한 가지 놀라운 일이 있었어. 해군 특수부대 잠수대원들이 357호정 조타실 안에 들어가 보니 한상국 아저씨의 손이 조타 키에 묶여 있었다는 거야. 아저씨가 부상을 입고 목숨이 끊어지는 순간에도 키가 움직이지 않도록 자신의 손을 조타 키에 묶어 놓은 거지.

♣ ♣ ♣

However, there was something remarkable. When navy divers entered the bridge of the 357, they found Mr. Han's hand still gripping the steering wheel. Even in the moment of his passing, he held onto the wheel, fulfilling his duty till the end.

시신에 묶인 끈을 풀면서 잠수대원이 말했대.

"상국아, 이제 집으로 돌아가자. 부모님이랑 네 아내가 기다리고 있잖아."

그랬더니 힘이 들어가 있던 아저씨의 손이 스르르 풀렸다고 해. 책임감이 강했던 한상국 아저씨는 죽어서도 357호정을 끝까지 지키겠다는 의지를 보여준 거야.

♣ ♣ ♣

As they untied the ropes from his body, the divers said,

"Let's go home now, Sang-guk. Your parents and wife are waiting."

With that, they said his hand relaxed. Senior Chief Petty Officer Han Sang-guk's sense of duty, even in death, exemplified his unwavering commitment to defending the ship.

"목숨이 끊어진 후에도 배를 지키다니 정말 놀라운 일이네요. 그런데 아저씨가 조타 키를 붙들고 있지 않았다면 어떻게 되었을까요?"

♣ ♣ ♣

"It's truly remarkable to continue guarding the ship even after one's life has ended. What would have happened if Senior Chief Petty Officer Han hadn't held onto the wheel?"

만일 아저씨가 조타 키를 지키지 않았다면 357호정은 북한 쪽으로 흘러가버렸을 거야. 바닷물이 북쪽으로 흐르고 있었거든. 우리 함정을 적에게 빼앗기면 그 안에 있는 비밀스러운 군사 정보까지 모두 적에게 넘겨주는 꼴이 되지. 물론 한상국 아저씨의 시신도 찾을 수 없었을 거고. 그런데 한상국 아저씨는 우리 함정을 적으로부터 지키고 가족 곁으로 돌아오겠다는 약속도 지킨 거야. 목숨을 잃으면서도 자신의 할 일을 끝내 다 해낸 거지.

If Senior Chief Petty Officer Han hadn't held onto the wheel, the Chamsuri 357 might have drifted towards North Korean waters, as the currents flowed in that direction. Losing our ship to the enemy would have meant surrendering sensitive military information. However, Senior Chief Petty Officer Han ensured that didn't happen, even at the cost of his life.

5. 우리의 명예로운 영웅, 한상국 상사님
Our Honorable Hero, Senior Chief Petty Officer Han Sang-guk

"한상국 아저씨는 목숨 바쳐 바다를 지킨 군인인데 나라에서 무슨 상을 주었나요?"

♣ ♣ ♣

"What recognition did Senior Chief Petty Officer Han Sang-guk receive for sacrificing his life to defend the sea?"

군인에게 가장 중요한 것은 명예를 지키는 거야. 나라에서, 또 국민이 해줄 수 있는 가장 큰 상은 그 군인의 명예를 지켜주는 거지. 명예를 지켜준다는 말 안에 많은 의미가 들어 있어. 특별 진급이나 훈장, 연금 등 나라를 위해 희생한 분들에게 주는 모든 보상은 다 그분들의 명예를 지켜주는 수단이란다.

For a sailor, the most important recognition is preserving honor. The greatest honor a nation or its people can bestow upon a fallen soldier is safeguarding their honor. This includes promotions, medals, pensions, and all other rewards bestowed upon those who sacrifice for their country.

제2연평해전이 일어났던 6월 29일 한상국 아저씨의 계급은 하사였어. 하지만 7월 1일에 중사로 진급할 것이 결정된 상태였지. 아저씨는 슬프게도 실종 상태로 있을 때 중사가 되었어. 그래서 나중에 시신을 발견하고 사망이 확인되었을 때는 중사보다 한 계급 위인 상사로 특별히 진급되었어. 나라를 위해 공을 세운 군인에게는 한 계급을 특별히 올려주도록 되어 있거든.

♣ ♣ ♣

On June 29th, the day of the Second Yeonpyeong Naval Skirmish, Mr. Han held the rank of Senior Chief Petty Officer. However, he was slated to be promoted to Senior Chief Petty Officer on July 1st. Unfortunately, he was promoted posthumously while still missing. When his body was found and his death confirmed, he was specially promoted to the rank of Senior Chief Petty Officer from Chief Petty Officer. It's customary to grant an additional rank to those who have served the nation with distinction.

"그럼 이제 아저씨라 하지 말고 한상국 상사님이라고 불러야겠네요?"

그래, 훌륭한 생각이구나. 우리 이제부터 한상국 상사님이라고 부르도록 하자. 그렇게 정확한 계급을 부르는 것은 그 분의 공로를 우리가 제대로 기억한다는 뜻이기도 하거든. 우리의 명예로운 영웅 한상국 상사님은 절대 잊지 말아야겠지.

"From now on, we should call him Senior Chief Petty Officer Han Sang-guk instead of just calling him Han"

Yes, that's an excellent idea. From now on, let's refer to him as Senior Chief Petty Officer Han Sang-guk. Addressing him by his exact rank is a way of properly honoring his contributions. We must never forget our honorable hero, Senior Chief Petty Officer Han Sang-guk.

한상국 상사님과 그 동료들, 즉 서해 바다를 지킨 영웅들의 공로를 기리고 그분들을 기억하기 위해서 해군에서는 2009년 9월에 새로 만든 군함에 전사자들의 이름을 붙였단다. '한상국함'이라는 이름의 군함이 만들어진 거지.

♣ ♣ ♣

To honor the contributions of Senior Chief Petty Officer Han Sang-guk and his brothers-in-arms, who defended the West Sea, the navy named a new warship in 2009 after the fallen soldiers. They named it the ROKN Ship 'Han Sang-guk Ship.'

"우와, 그럼 한상국 상사님의 이름이 붙은 그 군함이 지금도 우리 바다를 지키고 있겠네요? 바다를 지키는 사람이 되겠다는 한상국 상사님의 약속은 없어지지 않았군요?"

♣ ♣ ♣

"Wow, so the ship named after Senior Chief Petty Officer Han Sang-guk is still protecting our sea? His promise to defend the sea hasn't been forgotten?"

그렇지. 한상국함은 상사님의 이름으로 지금 이 시간에도 우리 바다를 지키고 있단다. 앞으로도 한상국함이 우리 바다를 지키는 한 우리는 상사님의 공로를 두고두고 기억하게 될 거야.

"또 어떻게 해야 한상국 상사님의 공로를 제대로 기릴 수 있나요?"

♣ ♣ ♣

Exactly. The ROKN Ship Han Sang-guk continues to protect our sea in his name. We'll always remember Senior Chief Petty Officer Han Sang-guk for his courage.

"How else can we properly honor Senior Chief Petty Officer Han Sang-guk's contributions?"

무엇보다 상사님께서 우리나라와 우리 바다를 지키기 위해 목숨 바쳤다는 사실을 기억해야 한단다. 그런 희생이 있었기에 지금 우리가 편안하게 살 수 있다는 것을 생각하며 늘 감사하는 마음을 가져야 하고. 전사하신 분들의 가족을 돌보는 일도 소홀히 해서는 안 된단다. 나라를 지키기 위해 소중한 가족을 잃은 분들이니까.

♣ ♣ ♣

Above all, we must remember that Senior Chief Petty Officer Han Sang-guk sacrificed his life for our country and our sea. We should always be thankful for his sacrifice, which allows us to live in safety and comfort. It's also essential to take care of the families of those who have fallen. They've lost precious loved ones in service to the nation.

"정말 한상국 상사님의 가족은 얼마나 슬프셨을지 상상할 수도 없어요."

그래, 그런 일을 겪어보지 않은 사람은 상상도 할 수 없는 깊은 슬픔이고 커다란 아픔이겠지.

♣ ♣ ♣

"It must have been so sad for Senior Chief Petty Officer Han Sang-guk's family."

Indeed, the grief and pain experienced by Senior Chief Petty Officer Han Sang-guk's family is unimaginable for those who haven't experienced such loss.

전쟁기념관이나 평택 서해수호관에 가면 한상국 상사님의 어머니께서 쓰신 글이 붙어 있어. 그 글을 보면 가족의 슬픔을 조금이나마 짐작할 수 있을 거야. 우리 함께 읽어볼까?

♣ ♣ ♣

If you visit the War Memorial and Pyeongtaek West Sea Protection Hall, you'll find a letter written by Senior Chief Petty Officer Han Sang-guk's mother. It gives some insight into the family's sorrow. Let's read it together.

사랑하는 아들아!
세상에 단 하나뿐인 너를 잃은 후
우리의 가슴에는 얼마나 커다란 구멍이 생겼는지
그 구멍 난 가슴이 너무도 시리다 못해
얼어붙고 말았구나.
왜 하필 네가 그 자리에 있어야 했는가,
왜 하필 우리가 이런 일을 당해야 하는가
수도 없이 하늘을 원망하고 적을 원망하고
우리나라의 현실을 원망했었다.

하지만 배가 침몰하는 순간까지,
목숨이 끊어지는 그 순간까지
조타실 키를 놓지 않았다는 네 이야기는
우리의 원망을 자부심으로 바뀌게 해주었다.

My beloved son!

Since losing you, our hearts have been torn apart, leaving a gaping hole.

Our hearts ache so much that they feel frozen.

Why did it have to be you in that place?

Why did we have to endure such a tragedy?

We've resented the heavens, the enemy, and the harsh reality of our country.

But until the ship sank, until the moment your life ended,

your story of never letting go of the steering wheel turned our resentment into pride.

장하다, 내 아들아!
목숨 바쳐 나라를 사랑했던,
죽음의 순간까지도 맡은 바 책임을 다했던 네가
우리 아들이라는 사실이 우리는 자랑스럽고
또 자랑스럽다.
이제 네가 우리만의 아들이 아니라
대한민국의 당당하고 믿음직한 아들이라는 것을
우리는 더 이상 의심하지 않는다.

다만 우리에게 한 가지 소원이 더 있다면
너의 환하게 웃는 얼굴을
단 한 번만이라도 다시 봤으면,
너를 껴안고 네 얼굴을 단 한 번만이라도
어루만질 수 있다면
이제라도 수고했다고, 우리 걱정 말고 편히 잘 가라고
작별 인사라도 제대로 할 수 있었으면…….

아들아! 사무치게 보고 싶구나!

Farewell, my son!

You sacrificed your life for the love of your country,

fulfilling your duty until the moment of death.

We are proud, incredibly proud,

that you are not only our son but also a brave and trusted son of Korea.

We no longer doubt your dedication.

If we have one more wish,

it's to see your bright smile one last time, to hug you,

to touch your face just once more,

to tell you that you did well and not to worry,

to say our final goodbyes properly.

Son, we miss you terribly!

"정말 슬픈 글이네요. 하지만 이 글을 읽고 저는 한상국 상사님이 얼마나 훌륭한 분이었는지 확실하게 알게 되었어요."

♣ ♣ ♣

"Indeed, it's a very sad letter. But after reading it, I've come to understand just how remarkable Senior Chief Petty Officer Han Sang-guk was."

그래, 대한민국 국민이라면 누구나 한상국 상사님이 나라를 위해 몸 바치신 일을 잊어서는 안 되지. 지금 우리가 안전하고 편안하게 살 수 있는 것은 상사님 같은 분들의 희생 덕분이니까. 자, 이제 한상국 상사님에 대해 잘 알게 되었으니 다른 친구들에게도 널리 알려주면 좋겠지?

♣ ♣ ♣

Yes, if you're a citizen of the Republic of Korea, you shouldn't forget the sacrifices that heroes like Senior Chief Petty Officer Han Sang-guk made for our country. Our safety and comfort today are thanks to the sacrifices of people like him. Now that we've learned about Senior Chief Petty Officer Han Sang-guk, it would be great to spread his story to our other friends, wouldn't it?

"예, 선생님. 저는 앞으로도 한상국 상사님이 우리나라를 위해 바치신 희생을 절대 잊지 않을 거예요. 그리고 친구들에게도 상사님의 이야기를 널리 알려줘서 감사한 마음을 함께 나누도록 노력할 거예요. 서해 바다를 지킨 영웅 한상국 상사님, 감사합니다."

"Yes, teacher. I will never forget the sacrifice Senior Chief Petty Officer Han Sang-guk made for our country. I'll make an effort to share his story with my friends so that we can all appreciate his contribution together. Thank you, Senior Chief Petty Officer Han Sang-guk, the hero who defended the West Sea."

고 한상국 상사
The late Senior Chief Petty Officer Han Sang-guk

제2연평해전 전사자들의 유품 전시장(평택 서해수호관)
Exhibit of the Belongings of the Fallen Soldiers from the Second Battle of Yeonpyeong (Pyeongtaek West Sea Protection Hall)

제2연평해전 전사자들 추모 시설(평택 해군 제2함대)
Memorial of Fallen soldiers of the 2nd Battle of Yeonpyeong(2nd Fleet of the Navy, Pyongtaek)

해마다 평택 해군 제2함대에서 열리는 제2연평해전 승전 기념 행사
Annual Victory Commemoration Event of the Second Battle of Yeonpyeong held at Pyeongtaek Navy 2nd Fleet.

참수리 357호정의 실제 모습(평택 해군 제2함대)
Actual Appearance of Chamsuri 357(Pyeongtaek Navy 2nd Fleet)

참수리 357호정의 실제 모습(평택 해군 제2함대)
Actual Appearance of Chamsuri 357(Pyeongtaek Navy 2nd Fleet)

참수리 357호정의 실제 모습(평택 해군 제2함대)
Actual Appearance of Chamsuri 357(Pyeongtaek Navy 2nd Fleet)

조타실에서 마지막까지 키를 놓치 않았던
故 한상국 상사 어머니 문화순님의 편지

사랑하는 아들아!
세상에 단 하나 뿐인 너를 잃고 난 후
우리의 가슴에는 얼마나 커다란 구멍이 생겼는지
그 구멍 난 가슴이 너무도 시리다 못해 얼어붙고 말았구나.
왜 하필 네가 그 자리에 있어야 했는가,
왜 하필 우리가 이런 일을 당해야 하는가
수도 없이 하늘을 원망하고 적을 원망하고
우리나라의 현실을 원망했었다.
하지만 배가 침몰하는 순간까지, 목숨이 끊어지는 그 순간까지
조타실 키를 놓치 않았다는 네 이야기는
우리의 원망을 자부심으로 바뀌게 해주었다.

장하다 내 아들아!
목숨 바쳐 나라를 위해 싸웠던,
죽음의 순간까지도 맡은 바 책임을 다 했던 네가
우리의 아들이라는 사실이 우리는 자랑스럽고 또 자랑스럽다.
이젠 네가 우리만의 아들이 아니라
대한민국의 당당하고 믿음직한 아들이라는 것을
우리는 더 이상 의심하지 않는다.

다만 우리에게 한 가지 소원이 더 있다면
너의 환하게 웃는 얼굴을 단 한번만이라도 다시 봤으면,
너를 껴안고 네 얼굴을 단 한번만이라도 어루만질 수 있다면
이제라도 수고했다고, 우리 걱정 말고 편히 잘 가라고
작별 인사라도 제대로 할 수 있었으면…

아들아! 사무치게 보고 싶구나!

서해수호관 창문에 쓰인 한상국 상사 어머니의 편지. 창문 너머로 참수리 357호정이 보인다. / A letter from the mother of Senior Chief Petty Officer Han Sang-guk written on the window of the West Sea Protection Hall. Through the window, you can see the Patrol Boat 357, named 'Chamsuri'.

제2연평해전 승전 기념 행사(평택 해군 제2함대)
Victory Commemoration Event of the Second Battle of Yeonpyeong
(Pyeongtaek Navy 2nd Fleet)

제2연평해전 승전 기념 행사(평택 해군 제2함대)
Victory Commemoration Event of the Second Battle of Yeonpyeong

제2연평해전 전사자 추모 시설 앞에서 참배하는 사람들(평택 해군 제2함대)
People paying respects at the memorial for the fallen soldiers of the Second Battle of Yeonpyeong(Pyeongtaek Navy 2nd Fleet)

제2연평해전 승전 20주년 기념식(평택 해군 제2함대)
20th Anniversary Victory Ceremony of the Second Battle of Yeonpyeong (Pyeongtaek Navy 2nd Fleet)

제2연평해전 전승비 제막식(평택 해군 제2함대)
Unveiling ceremony of the Second Battla of Yeonpyeong(Navy 2nd Fleet, Pyeongtaek)

제2연평해전 전승비 부분(평택 해군 제2함대)
Victory Monument of the Second Battle of Yeonpyeong(Pyeongtaek Navy 2nd Fleet)

제2연평해전 전승비(평택 해군 제2함대)
Victory Monument of the Second Battle of Yeonpyeong(Pyeongtaek Navy 2nd Fleet)

영화 '연평해전'의 한 장면(제2연평해전 승전 21주년 기념 행사 중)
A scene from the movie 'Northern Limit Line' during the 21st anniversary celebration of the Second Battle of Yeonpyeong.

한상국 상사 기념비(충남 보령 무창포)
Memorial for Senior Chief Petty Officer Han Sang-guk(Muchangpo, Boryeong, Chungnam)

한상국 상사 기념비와 무창포 앞바다
The memorial for the late Senior Chief Petty Officer Han Sang-guk and a view of the sea off Muchangpo beach.

한상국 상사 기념비(충남 보령 무창포)
Memorial for Senior Chief Petty Officer Han Sang-guk(Muchangpo, Boryeong, Chungnam)

모교에 있는 한상국 상사 흉상(충남 홍성 충남드론항공고등학교)
Statue of Senior Chief Petty Officer Han Sang-guk at his Alma Mater(Chungnam Drone Aerospace Engineering School, Hongseong, Chungnam)

모교에 있는 한상국 상사 흉상(충남 홍성 충남드론항공고등학교)
Statue of Senior Chief Petty Officer Han Sang-guk at his Alma Mater(Chungnam Drone Aerospace Engineering School, Hongseong, Chungnam)

지금도 서해 바다를 지키고 있는 한상국함(대한민국 해군 사진)
The newly built Han Sang-guk ship, Still Guarding the Western Sea(Republic of Korea Navy Photo)

이 책을 읽고 느낀 점을 글로 써보세요.
Write about your thoughts and feelings after reading this book.

제2연평해전 관련 시설물에 찾아가서 찍은 자신의 사진이나 그림을 여기 붙여놓으세요.
Attach a photo or drawing of yourself taken at the memorial site related to the Second Battle of Yeonpyeong here.

서해 바다를 지킨 영웅, 한상국

초판 1쇄 2024년 6월 29일

글쓴이 | 황인희
그린이 | 김경숙
옮긴이 | 김철호
사진 및 동영상 촬영·편집 | 윤상구
감수 | 전인범
펴낸이 | 김현중
디자인 | 박정미
책임 편집 | 황인희
관리 | 위영희

펴낸 곳 | ㈜양문
주소 | 01405 서울 도봉구 노해로 341, 902호(창동 신원베르텔)
전화 | 02-742-2563
팩스 | 02-742-2566
이메일 | ymbook@nate.com
출판 등록 | 1996년 8월 7일(제1-1975호)

ISBN 979-11-986702-2-9 73800
* 잘못된 책은 구입하신 서점에서 교환해 드립니다.

The Hero of the West Sea, Han Sang-guk

29th printing July 2024

Author and editor | Hwang In-hee
Artist | Kim Kyeong-sook
Translator | Kim Claude-cholho
Photography and videography shooting and editing | Yoon Sang-koo
Reviewer | Chun In-bum
Producer | Kim Hyun-jung
Book Designer | Park Jeong-mi
Management | Wee Young-hee

Publisher | Publisher. YangMoon co.
Address | #902, 341, Nohae-ro, Dobong-gu, Seoul, Korea 01405
Telephone | +82 (02) 742-2563
Fax | 02-742-2566
E-mail | ymbook@nate.com
Registered in the Republic of Korea | August 7, 1996(#1-1975)

ISBN 979-11-986702-2-9 73800
* The wrong book will be exchanged at the bookstore you purchased.